MÉTHODE
DE
DANSE

CONTENANT

les Principes, les Pas, les Exercices et la Théorie de toutes les Danses modernes exécutées dans les Salons, accompagnées de la Musique composée d'Airs faciles pour le Violon

PAR

RENAUSY,

(DE L'ACADÉMIE)

Professeur de danse, ex Artiste du grand Opéra, Inspecteur de la Société Academ. des Professeurs de danse de Paris

Boulevart S.t Denis, 2

PRIX 9.f NET.

A.V.

PARIS, MARGUERITAT, éditeur

et M.d d'Instruments, 21, Boulevart Bonne Nouvelle. Prop.t pour la France et l'Etranger

PRÉFACE.

En écrivant cet ouvrage, j'ai voulu éviter aux Professeurs moins de peine, et en même temps leur donner la manière positive de démontrer toutes les danses. Ayant presque toujours traité à forfait avec mes élèves cela m'a forcé à chercher des moyens plus prompts pour enseigner que la plupart de mes collègues qui ont toujours suivi l'ancienne méthode.

Fils d'un maitre de Ballets bien connu; ayant depuis mon enfance pratiqué la danse sur différents théâtres de Paris; resté dix ans au grand Opera, et dirigeant un cours de danse depuis longtemps, j'ai eu un si grand nombre d'élèves qu'il a fallu bien des fois changer ma manière d'enseigner pour réussir avec tous, afin d'obtenir un résultat satisfaisant.

J'ai fait la musique pour les exercices, les pas, les quadrilles, et pour toutes les danses nouvelles par de petits airs faciles pour le violon, car, pour la leçon de danse où le maitre est obligé de parler et même de danser en jouant, il lui est impossible d'exécuter des difficultés. Aux compositeurs de musique, pour être certains du rhythme de chaque danse, cette méthode leur sera très utile et les mettra à même de connaitre la valeur des pas et le nombre de mesures qu'ils comportent. Car il arrive souvent qu'ils composent de très jolis airs, qui charment les oreilles, mais, qui cassent les jambes aux danseurs.

Depuis longtemps, le quadrille dans les salons se trouve abandonné et n'offre plus d'attrait aux danseurs. Nous avons à Paris trois sortes de quadrilles: celui de l'aristocratie, de la bourgeoisie et celui des bals publics. Le premier, froid et monotone, n'est plus qu'un sujet de conversation pour les danseurs, le second a conservé encore un peu de gaité, surtout avec la figure du galop pour finir, quant à celui des bals publics, mon avis est qu'il faut être fou pour le danser car il ne ressemble à rien. Autrefois, le quadrille était composé de pas, qui ne sont plus de mode. Aujourd'hui il faut donc suppléer par des figures faciles, que l'on puisse exécuter en marchant. D'après le desir de bien des personnes et pour ranimer la danse, j'ai composé celui du XIXme siècle qui remplacera plus tard le quadrille Français. Il suffit pour le danser d'avoir un vis-à-vis au courant des figures, ce qui n'empechera nullement les autres couples, à vos côtés de danser l'ancien, puisque la musique est la même, et sert aux deux et que les nouvelles figures ne gênent en rien les anciennes. Ainsi avec le temps, il n'est pas un salon qui n'exécutera ces nouvelles figures dont je donne les explications dans cette méthode. Le quadrille des lanciers pour être dansé à huit, à douze, et a seize personnes, ainsi que le cotillon avec ses principales figures sont indiquées dans cet ouvrage suivi d'une chorégraphie nouvelle composée de cinq danses, que j'ai fait exécuter *dans des concerts en intermèdes* et dans plusieurs bals de Paris, sous le titre de l'**Universel** quadrille à quatre couples composé de cinq figures dont la 1re est une Schottisch, la 2e une Polka, la 3e une Redowa, la 4e une Polka-Mazurka et la 5e une Tarentelle, cette chorégraphie a obtenu un grand succès surtout en Angleterre, à Liverpool mon ami Dugit professeur de danse, en a fait graver la musique pour piano, sous le titre du ***Quadrille de l'union***. Les Professeurs de danse peuvent montrer ce quadrille dans leurs pensions, dans leurs cours, comme études aux élèves et même, le faire executer sur un théâtre.

On trouvera des danses nouvelles composées par moi dans cette méthode qui n'ont pas été d'un si grand éclat que celles usitées dans le monde, cela tient que très souvent après la mort d'un auteur, on apprécie plutôt ses compositions que pendant son existence, et que ses collègues qui l'avaient critiqué jadis se servent de ses œuvres, du moment qu'ils ne craignent plus la concurrence de l'auteur.

R.M.2101.　　Imp. Margueritat à St Règle (Indre et Loire.)

RÈGLE GÉNÉRALE.

Pour tout ce qui est valse et qui se danse à deux, le cavalier doit toujours commencer le pas du pied gauche et la dame du pied droit. Pour toutes les valses, la position du cavalier est la même, il doit s'incliner un peu vers sa danseuse, la tenir par la taille ***du bras droit***; avoir la main droite de la dame ***dans sa gauche*** et le bras ni trop raide ni trop courbé, il devra tenir sa danseuse ni trop rapprochée, ni ni trop éloignée de lui, et c'est lui qui doit régler les évolutions, qui font parties de l'exération de la danse.

La dame doit mettre la main gauche sur l'épaule droite du cavalier et donner sa main droite comme il est indiqué plus haut, sa tête un peu penchée à gauche elle devra se laisser guider par son danseur avec confiance et abandon de manière qu'il puisse l'entraîner sans force et la faire tourner à droite, à gauche, la conduire en avant et en arrière, sans aucune difficulté. Le professeur qui veut apprendre vivement le pas de la Polka, Schottisch, valse à deux temps, Redowa etc, le fera faire de côté à ses élèves Quand ils le sauront, les prendra par les mains en les conduisant en avant, en arrière et en tournant de suite, toujours en glissant les pieds de côté, Les élèves qui suivent l'impulsion du maître, parviennent à placer leurs pieds pour faire les évolutions ci-dessus. De cette manière le professeur s'épargnera bien des peines et l'élève bien des leçons.

EXERCICES.

PREMIÈRE PARTIE.

Le professeur devra montrer d'abord les cinq positions avec des pliés en faisant tenir les élèves.

1re position. 2e position. 3e position. 4e position. 5e position.

Des battements tendus à terre, à la seconde et à la troisième position, sur le coup de pied en faisant baisser la pointe, des grands battements en avant en arrière et de côté pour les garçons et non pour les demoiselles et des ronds de jambes pliées pour tous les élèves

DEUXIÈME PARTIE.

Les positions sans se tenir, des ports de bras, des temps de coups de pied, des changements de pied a la 3e et 5e position, des assemblés, des sissonnes, des coupés dessus et dessous, des chassés, des pas de basque et des glissades.

TROISIÈME PARTIE.

Apprendre à marcher en mesure, saluer, faire la révérence.

Pour exécuter un avant-deux, marcher trois pas en avançant partant du pied droit cavalier et dame, rapprocher le pied gauche à la 3e position derrière le pied droit cavalier et dame pour le 4e pas reculer trois pas partant du pied gauche cavalier et dame, rapprocher le pied droit devant le gauche à la 3e position pour le 4e pas cavalier et dame.

Pour balancer le cavalier et la dame avancent le pied droit en avant et rapprochent ensuite le pied gauche derrière à la 3e position reculent le pied gauche et rapprochent le pied droit devant à la 3e position. ce pas s'exécute quatre fois de suite dans la troisième figure du quadrille Français.

EXERCICES.

LES POSITIONS.

BATTEMENTS TENDUS.

BATTEMENTS SUR LE COUP DE PIED.

LES GRANDS BATTEMENTS.

LES ASSEMBLÉS.
lento.
LES SISONNES
Moderato.
LES JETÉS.
PAS DE BASQUE.
FIN.

B. M. 2401.

LES CHASSÉS ET LE GALOP.

LES PORTS DE BRAS.

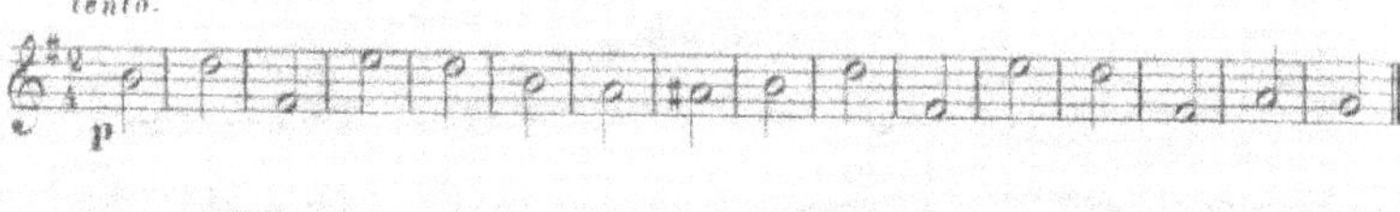

LES GLISSADES.

LES QUATRE PAS POUR AVANT DEUX.

COUPÉS DESSUS ET DESSOUS PASSÉ LA JAMBE ET JETÉ.

LA MARCHE.

PAS D'ALLEMANDE.

QUADRILLE FRANÇAIS

COMPOSÉ DE CINQ FIGURES.

PREMIÈRE FIGURE (PANTALON)

Chaine anglaise, aller et retour (8 mesures.) Chaque cavalier se tourne en face de sa danseuse et la salue, la dame répond par une révérence (4 mesures.) chacun se retourne en face de son vis-à-vis (4 mesures.) chaine des dames aller et retour (8 mesures.) promenade en traversant avec son vis-à-vis (4 mesures.) et demi chaine anglaise pour revenir à sa place (4 mesures.) ou bien galop, aller et retour.

DEUXIÈME FIGURE (ÉTÉ)

Un cavalier avec la dame vis-à-vis en avant et en arrière. (4 mesures.) encore une fois (4 mesures.) Tous les deux traversent par huit pas (4 mesures.) Ayant changé de place pour ce traversé, ils refont en avant et en arrière une seule fois (4 mesures.) chacun revient à sa place retrouver l'un sa danseuse, et l'autre, son danseur. (4 mesures.) saluts et révérences (4 mesures.)

D.C.

TROISIÈME FIGURE (POULE)

Un cavalier avec la dame vis-à-vis, avancent et se donnent la main gauche (4 mesures.) l'autre cavalier avance donner la main droite à sa dame, ainsi que l'autre dame avance donner la main droite à son cavalier (4 mesures.) Tous les quatre balancent quatre fois en commençant par le pied droit (4 mesures.) changement de place (4 mesures.) le cavalier ainsi que la dame qui ont commencé, font un avant-deux double (8 mesures.) en avant quatre. (4 mesures) et demi chaîne anglaise pour revenir à leurs places (4 mesures.)

QUATRIÈME FIGURE (PASTOURELLE)

Un cavalier avec sa dame vont en avant et en arrière, puis le cavalier conduit sa dame au cavalier son vis-à-vis et recule à sa place. (8 mesures.) le cavalier vis-à-vis avance avec les deux dames, puis recule, avance encore une fois et laisse les dames au premier cavalier. (8 mesures.) Celui-ci exécute à son tour l'avant trois et les quatre personnes se donnent la main pour le rond (8 mesures.) demi rond à gauche, (4 mesures.) demi chaîne anglaise pour revenir à sa place. (4 mesures.)

CINQUIÈME FIGURE (FINALE ou GALOP)

Chassé-croisé, quatre, (8 mesures.) puis on répète entièrement la 2e figure l'Été, en galop les deux couples, traversent aller et retour (8 mesures.) petit galop en avant et en arrière (4 mesures) les cavaliers changent de dame et de place (4 mesures.) chaine des dames (8 mesures.) petit galop en avant et en arrière. (4 mesures.) et chaque cavalier reprend sa dame et sa place (4 mesures.) Cette figure se répète deux fois, et est connue sous le nom de la Saint Simonienne le quadrille termine par le chassé-croisé (huit.) ou par le grand galop.

OBSERVATIONS. Il n'y a pas de règle pour commencer le quadrille, simplement, le cavalier qui partira le premier, doit toujours continuer pour chaque figure.

Autrefois dans la première figure et dans la seconde, après le balancé, on fesait le tour de mains. Le monde qui l'a supprimé dans le quadrille ordinaire, l'exécute presque à chaque figure des Lanciers. Pourrait-on me dire pourquoi il est mieux dans l'un que dans l'autre?

Dans la pastourelle il existait en quelque sorte pour le cavalier un solo de danse, où il déployait son talent par différents Pas. Le cavalier seul a été supprimé et remplacé par un deuxième avant-trois; En chorégraphie, une figure qui se répète deux fois de suite est d'une grande pauvreté. Aussi aurait-il été préférable de faire traverser le cavalier resté seul avec les deux dames en passant entre, comme dans la figure dite la trénis qui autrefois alternait avec la pastourelle, ce cavalier aurait ramené les deux dames au cavalier vis-à-vis pour prendre tous ensemble le rond.

Cela m'étonne que les Professeurs de danse qui ont pour clientèle le *grand monde* n'aient pas eu cette idée, afin de corriger une faute commise par erreur et que l'art désaprouve.

QUADRILLE DU XIX.me SIÈCLE.

DÉDIÉ À SON ALTESSE LE PRINCE IMPÉRIAL.

J'ai réglé ce quadrille dans les mêmes conditions que celles du quadrille ordinaire c'est à dire, que la musique, le placement des couples et l'attaque des figures composées de cinq, sont arrangées de la même manière pour pouvoir être dansés ensemble tous deux.

PREMIÈRE FIGURE.

(8 mesures à attendre.) Les deux couples vis-à-vis vont en avant et en arrière (4 mesures.) demi chaîne des dames (4 mesures) chaîne anglaise aller et retour (8 mesures) les mêmes couples en avant et en arrière (4 mesures) demi chaîne des dames (4 mesures.) chaîne anglaise aller et retour (8 mesures) ensuite la contre partie fait la figure.

Les cavaliers se trouvent avoir changé de danseuses avec la 1e demi chaîne des dames, ils font la 1e chaîne anglaise avec elles et la 2e demi chaîne des dames leur a rendu leur danseuse pour faire la 2e chaîne anglaise.

D.C.

DEUXIÈME FIGURE.

(8 mesures à attendre) Le cavalier conduit sa dame comme à la pastourelle et la remet au cavalier vis-à-vis et recule. (8 mesures.) Il traverse avec les deux dames, en passant au milieu puis se retourne en même temps que les dames et tous les trois retraversent de la même manière. Les dames restent au milieu du quadrille, se donnent la main droite, et les cavaliers prennent chacun la main gauche de leur dame, avec leur main gauche (8 mesures.) et tous les quatre balancent (4 mesures.) puis chaque couple reprend sa place (4 mesures.) Le cavalier vis-à-vis fait ensuite la figure. Ainsi de suite pour les autres.

D.C.

TROISIÈME FIGURE.

(8 mesures à attendre.) Le cavalier et la dame vis-à-vis vont en avant et en arrière (4 mesures.) ils traversent (4 mesures.) les dames sont ensemble d'un côté sur une ligne, et les cavaliers sont en face sur une autre ligne, tous vont en avant et en arrière, et chaque cavalier prend la dame qui est devant lui et la ramène à sa place, de façon qu'il change de dame (8 mesures.) Le cavalier qui a commencé la figure, se trouve être en face de sa danseuse, il fait en avant et en arrière avec elle (4 mesures.) et ils traversent (4 mesures.) la ligne des dames et des cavaliers recommence et chaque danseur reprend sa danseuse pour revenir à sa place (8 mesures.) Même figure pour les trois autres couples.

QUATRIÈME FIGURE.

(8 mesures à attendre.) Conduire sa dame comme à la pastourelle (8 mesures.) Les deux dames avancent c'est à dire que la dame vis-à-vis prend la main gauche de la première dame dans sa main droite et la conduit devant son danseur à qui elles font une révérence et le cavalier salue puis la 1re dame reconduit la dame vis-à-vis à son danseur; elles font encore la révérence et le cavalier salue (8 mesures.) En avant trois comme dans la pastourelle par le 2e cavalier. (8 mesures.) le rond à quatre et demi chaîne anglaise. (8 mesures.) Même figure pour les autres couples.

CINQUIÈME FIGURE.

(8 mesures à attendre.) chaîne des dames aller et retour. (8 mesures.) Un cavalier et la dame vis-à-vis en avant, en arrière (4 mesures.) ils traversent (4 mesures) encore en avant et en arrière (4 mesures) et ils reviennent chacun à leur place (4 mesures.) En avant quatre (4 mesures.) et demi chaîne anglaise pour changer de place (4 mesures.) la figure recommence par l'autre cavalier et l'autre dame et après chaque couple se trouve à sa place primitive, ensuite la contre partie exécute la figure.

Pour les huit dernières mesures chaque cavalier fait un salut à sa dame qui fait la révérence. *Fin du quadrille.*

OBSERVATIONS. Les couples doivent être placés comme au quadrille ordinaire. Le cavalier qui commence doit toujours continuer jusqu'à la fin des figures.

Dans la 2e figure, si plusieurs couples font partie du quadrille, on doit suivre la même méthode que pour la pastourelle, entremêler les couples de chaque côté. Pour le balancé à quatre les dames se trouvent au milieu et les cavaliers de chaque bout.

Pour la 3e figure il faut que les cavaliers du même côté commencent ainsi que les dames qui leur font vis-à-vis, pour que les lignes soient parfaites.

Pour la 4e figure, qui est à peu près comme la pastourelle, composée de la visite des deux dames à chaque cavalier qui en fait le changement et supprime l'avant-trois.

Pour la dernière figure, la demi chaîne anglaise fait changer les couples; la première fois de côté et la deuxième fois les fait revenir à leurs places.

AVERTISSEMENT POUR TOUTES LES VALSES.

Pour ne pas répéter à chaque explication les mêmes recommandations au sujet des danses de caractère, qui s'exécutent en valsant et à deux, le lecteur saura que la dame fait toujours le pas du pied contraire à celui du cavalier, (expliqué dans la règle générale de cette méthode.) que toutes les valses et danses de caractère sont composées de poursuites en avant, en arrière, de Balancés sur place, et qu'elles se tournent à droite et à gauche.

VALSE À TROIS TEMPS.

Cette valse se compose de six pas et de deux mesures; pour faire un tour entier, le cavalier pose le pied gauche de côté (1er pas,) passe le pied droit derrière le gauche en le croisant et sans trop le serrer. (2e pas.) puis soulève les talons en pivotant sur les deux pieds.(3me pas.) et premier demi-tour, avance le pied droit (4me pas) passe le pied gauche devant le droit en le croisant et sans trop le serrer. (5me pas.) puis soulève les talons en pivotant sur les deux pieds. (6me pas) deuxième demi tour. La dame commence par le pas du 2me demi tour du cavalier, qui pour elle, devient son premier, ensuite le pas du 1er demi tour du cavalier devient son second.

OBSERVATION. Pour en éviter l'étourdissement, il faut apprendre le pas d'allemande en avant et en arrière qui se compose de trois pas marchés, espece de Polka sans sauter. Ce pas habitue l'élève à la mesure et sert dans la valse pour les poursuites et les balancés; pour tourner à gauche on doit en préparer l'exécution par un balancé, puis le cavalier pose le pied droit de côté (1er pas) passe le pied gauche derrière en le croisant (2me pas.) et pivote sur les deux pieds (3me pas.) premier demi tour avance le pied gauche (4me pas.) passe le pied droit devant en le croisant. (5me pas.) et pivote sur les deux pieds (6me pas) 2me demi tour. La dame commence par le pas du 2me demi tour du cavalier etc.

La valse à deux temps au lieu de faire tomber celle à trois, ne lui a, au contraire, que fait du bien et a servi à la ranimer dans les salons.

En voici la preuve:

La vogue de la valse à deux temps qui s'exécute sur la même mesure que celle à trois, a facilité les valseurs de cette dernière de toujours l'exécuter et de la faire revivre dans le monde.

VALSE À DEUX TEMPS.

Le mouvement de la musique de cette valse, doit être plus pressé et plus accentué que celle à trois temps.

Le pas n'est autre que celui du galop exécuté d'une jambe et de l'autre en tournant. Il faut sur chaque mesure faire un pas, c'est à dire glisser le pied gauche de côté pour le cavalier (1er pas et 1er temps de la mesure) laisser passer le 2e temps de la mesure chasser le pied gauche avec le pied droit (2me pas et 3me temps de la mesure.)

NOTA. La valse à deux temps diffère de celle à trois qui décrit un cercle, tandis que l'autre se valse carrément. On attaque souvent la valse à deux temps, par quatre pas de galop du même pied, et il faut tourner sur le pas glissé.

POLKA.

La Polka s'exécute sur une mesure à deux-quatre dont il faut modérer le mouvement, et elle se compose de trois pas.

Le cavalier glisse le pied gauche de côté (1er pas) rapproche le pied droit près du gauche en relevant ce dernier. (2me pas) saute sur le pied gauche en relevant le pied droit derrière. (3me pas.)

2me POLKA.
TRIO.

RÉDOWA.

Cette danse étant une des plus gracieuses, demande beaucoup de souplesse. Elle s'exécute sur une mesure à trois-quatre Mouvement un peu plus lent que celui de la valse à trois temps, et se compose du pas de Basque.

Il y a beaucoup de Professeurs qui indiquent ce pas de cette manière: Chaque pas pour chaque temps en employant les termes techniques. Par un jeté, un glissé, et un coupé dessous, tandis que cette danse se divise comme la valse à deux temps. Le cavalier glissant le pied gauche de côté en pliant les deux jambes pour le 1er pas et 1er temps de la mesure, laisse passer le 2me temps de la mesure et rapproche le pied droit près du gauche, en relevant ce dernier de côté, 2me pas et 3e temps de la mesure puis saute sur le pied gauche en glissant de suite le pied droit de côté toujours en pliant 1er pas et 1er temps de la mesure, laisse passer le 2e temps de la mesure, et rapproche le pied gauche près du droit en relevant ce dernier de côté 2e pas et 3e temps de la mesure. il est inutile de montrer le pas de Basque, en avant, en arrière, et en tournant, car comme le dit ma méthode dans la règle générale: le montrer de côté est suffisant, de cette manière on dansera de suite la Redowa.

2ème REDOWA
TRIO.
1re Fois.
2e Fois.
1re Fois.
2e Fois.

POLKA-MAZURKA.

Ce pas comporte deux mesures, la musique est à trois quatre mouvement moins lent que pour la Redowa. Le cavalier glisse le pied gauche de côté (1er pas et 1er temps de la mesure) rapproche le pied droit près du gauche en relevant ce dernier de côté (2e pas et 2e temps de la mesure) passe le pied gauche derrière le droit en sautant légèrement sur ce dernier (3e pas et 3e temps de la mesure) ensuite pour la 2e mesure on exécute le pas de la Polka du pied gauche.

NOTA. On doit toujours faire le pas de Mazurka pour avancer et celui de la Polka pour tourner, quelquefois on exécute le pas de Mazurka trois fois de suite du pied gauche pour le cavalier avec un pas de Polka pour terminer, ce qui comporte quatre mesures.

VARSOVIANA.

La Varsoviana n'est qu'un résumé de Polka, de Mazurka, et de Redowa, avec un temps d'arrêt, placé à la 2e mesure de la 1e reprise et à la 4e mesure de la 2e reprise.

Elle se divise en deux figures; pour la première, le cavalier exécute du pied gauche le pas de Polka et pose la pointe du pied droit à terre à la 4e position devant. Ce pas s'exécute de chaque pied pendant seize mesures pour la 2e figure, deux pas de Mazurka avec un pas de Polka et poser le pied à la 4e position devant, en commençant du pied gauche et posant le pied droit pour le cavalier, répéter en tout quatre fois, (16 mesures.) ou bien alterner avec trois pas de Redowa et poser le pied.

La première figure ne varie jamais; il n'y a que la seconde. La musique de cette danse est à trois-quatre Il faut que le compositeur place toujours une blanche à la seconde mesure de la 1e figure pour indiquer au danseur le temps d'arrêt ainsi qu'à la 4e mesure de la 2e figure.

2e VARSOVIANA.
p
f
mf

SCHOTTISCH.

Il faut pour cette danse, que la composition musicale soit bien rhytmée, le mesure est à deux-quatre ou à quatre mouvements bien marqués.

Le pas se divise en deux parties; la première, par deux pas de Polka de chaque pied avec un petit saut après; la deuxième, par quatre pas de sauteuse qui font huit temps. Enfin, le pas comporte en tout quatre mesures. Il faut plier davantange sur le premier de la Schottisch que dans le premier de la Polka. Quant au pas de sauteuse, on les remplace par quatre pas de valse à deux temps ou à trois temps à la volonté des danseurs. Cette innovation ne fait que de décomposer la danse, et les pas de sauteuse ne sont que comme tous les autres pas, disgracieux étant mal exécutés.

SICILIENNE.

Danse assez originale, s'exécute sur une musique dont la mesure est à six-huit, mouvement bien marqué. Le pas comporte quatre mesures.

Le cavalier fait du pied gauche un Battement devant et derrière le pied droit.(1re mesure) pose le talon gauche à la 4e position en avant, et ramène la pointe de ce pied à la 3e position devant le pied droit.(2me mesure) glissé le pied gauche de côté, et chassé du pied droit (3e mesure.) coupé dessous du pied droit, et jeté du pied gauche.(4e mesure.)

CRACOVIENNE ou CRACOVIA.

DÉDIÉE à mon ami CELLARIUS.

Danse très facile à exécuter. La musique est à deux-quatre mouvement de Polka et le pas comporte deux mesures.

Le cavalier glisse le pied gauche de coté, (1er pas et 1er temps de la mesure.) lève le pied droit derrière à une certaine distance (2e pas et 2e temps de la mesure,) coupé dessous du pied droit, (3e pas et 3e temps de la mesure,) et un jeté du pied gauche, (4e pas et 4e temps de la mesure,) même répétition du pied droit.

NOTA. Cette danse composée par moi a été dansée à l'Opera dans le ballet de la Gypsi par mademoiselle Fanny Essler, c'est ce qui m'a donné l'idée d'en faire une danse de salons.

L'ANGLICANE.

DÉDIÉE A SA MAJESTÉ LA REINE D'ANGLETERRE.

Cette danse composée par moi a eu un grand succès à Lyon. Elle s'exécute sur une mesure à deux-quatre (Moderato.) et se compose de huit pas et de quatre mesures.

Le cavalier glisse le pied gauche de côté (1er pas et 1er temps de la mesure.) coupé dessous du pied droit. (2e pas et 2e temps de la 1re mesure) ballonné du pied gauche. (3e pas et 1er temps) et un jeté du pied gauche (4e pas et 2e temps de la 2e mesure) puis tourne avec sa dame en fesant une assemblée derrière et une sissonne relevée deux fois de suite pendant deux mesures. La dame fait le même pas en commençant du pied droit et en fesant l'assemblée devant.

HONGROISE.

Elle possède un avantage sur les autres danses, c'est que l'on peut tourner un tour et demi en la dansant et l'exécution en est très facile. La musique se compose d'une mesure à deux-quatre mouvement de Polka; et le pas prend quatre mesures.

Le cavalier exécute deux fois du pied gauche en avançant, le pas polonais, ou temps de talon, qui s'emploie dans la Mazurka pour le rond ou la promenade ce qui compose les deux premieres mesures; Le pas de basque du pied gauche, en tournant un demi tour; (3e mesure.) un jeté du pied droit et un autre du pied gauche (4e mesure) En faisant les deux petits jetés, sur place on ne tourne qu'un demi tour et en tournant sur chaque jeté un demi tour, on a fait un tour et demi.

L'ORIENTALE.

La musique est à deux temps d'un mouvement moderé. Le pas comporte quatre mesures.

Le cavalier commence du pied gauche et exécute deux pas de Polka, ce qui forme les deux premières mesures, pose la pointe du pied gauche à la 4e position (1er temps.) puis à la 3e (2e temps.) pour la 3e mesure glisse le pied gauche de côté (1er temps) et saute sur ce pied en relevant le pied droit derrière (2e temps.) pour la 4e mesure. Cette danse a eu beaucoup de succès dans les bals publics.

L'ÉCOSSAISE.

La musique est à deux quatre mouvement assez lent. Le pas se compose de deux mesures.

Le cavalier commence du pied gauche et exécute deux pas de sauteuse: ce qui forme la première mesure, puis un pas de Polka du pied gauche accompagné d'un petit saut, ce qui forme la deuxième mesure comme dans la Schotise.

LA FRANÇAISE.

Cette danse est dédiée à l'armée française la musique est d'un mouvement animé et d'une expression fière. Mesure à six-huit. Le pas comporte quatre mesures.

Le cavalier commençant du pied gauche exécute trois fois le pas de la valse à deux temps pendant trois mesures, coupé dessous du pied gauche et un jeté du pied droit 4e mesure.

MAZURKA NATIONALE.

(DANSE DU NORD)

Cette danse telle que l'on la danse en Pologne et en Russie s'exécute sur une musique dont la mesure est à trois temps d'un mouvement animé et bien marqué. Le nombre des motifs comme celui des danseurs n'est pas limité, ainsi que les figures qui sont comme celles du cotillon, répétées par tous les couples.

PAS DE LA MAZURKA.

Il y a cinq pas qu'il est nécessaire de connaitre, et qui sont: Pas de basque, Pas boiteux, Pas Polonais, le vrai Pas de Mazurka, et l'Holubiée.

Pour le *Pas de basque* il est assez connu pour ne pas être expliqué, le *Pas boiteux* s'exécute pour le cavalier dans les promenades il saute sur le pied droit en glissant de suite le pied gauche en avant. (1er et 2e temps de la mesure) et il rapproche le pied droit du gauche en frappant du talon ce qui fait relever aussitôt le pied gauche devant. On continue toujours ce pas du même pied.

Le *Pas Polonais* sert aux ronds et pour les promenades il se fait des deux pieds alternativement pour les ronds, et toujours du même pied pour les promenades; frapper le talon gauche contre le droit; en éloignant le pied gauche à la seconde position (1er et 2e temps.) rapprocher le pied droit près du gauche en le glissant (3e temps.) les polonais exécutent souvent ce dernier temps par un autre coup de talon du droit contre le gauche.

Pour le véritable *Pas de Mazurka* on doit sauter sur le pied droit en glissant de suite le pied gauche en avant. (1er et 2e temps.) et relever le pied droit derrière. (3e temps) puis on recommence de l'autre pied. Ce pas se trouve placé dans la Cracovienne.

L'*Holubiée*. Le cavalier tient sa dame de la main droite la fait passer dans son bras gauche tous les deux tournent. (4 mesures.) par assemblée à la 4e position devant et une sissonne relevée le cavalier du pied droit et la dame du pied gauche en faisant l'assemblée derrière.

Le tour sur place. Le cavalier ayant de sa main gauche pris la main gauche de sa danseuse la fait tourner autour de lui, puis sans quitter les mains, il passe son bras droit à la taille de sa dame et dans cette position tous deux tournent sur place. (4 mesures.) en faisant le pas de l'*holubiée* renversé, c'est à dire que le cavalier fait l'assemblée derrière et la dame devant quatre fois de suite le tour sur place comporte 8 mesures, quatre pour faire tourner la dame autour du cavalier et quatre pour tourner ensemble. La Mazurka commence toujours par un rond général à gauche et à droite, huit mesures pour chaque côté, holubiée ou tour sur place par tous les couples, puis le couple conducteur part en promenade et les figures commencent. Les figures sont exécutées à deux, trois, quatre, six et huit couples selon l'invitation du couple conducteur, et chaque figure sera toujours précédée et suivie d'une promenade terminée par un holubiée ou tour sur place. Les dames ne font pour les promenades que des pas de basque, et pour les ronds le pas polonais sans frapper le talon. l'holubiée se trouve le même pas pour la dame que pour le cavalier toujours du pied opposé, elle le fait en avant quand le danseur le fait en arrière et vice versa. Quant à l'enchainement des pas il est laissé au goût des danseurs.

MAZURKA NATIONALE.

(DANSE DU NORD.)

L'UNIVERSELLE

CHORÉGRAPHIE COMPOSÉE DE CINQ DANSES.

PREMIÈRE FIGURE (SCHOTTISCH)

Les quatre couples sont placés en croix comme pour un quadrille. Après l'introduction tous se rapprochent sur les deux pas de polka et forment un rond en se donnant les mains, pour faire les pas de sauteuse, les cavaliers prennent les dames qu'ils tiennent de la main gauche et font avec elles les deux pas de polka et tournent sur les pas de sauteuse, reviennent avec elles en faisant les deux pas de polka pour reformer sur les pas de sauteuse le rond, et ils reprennent leurs dames avec lesquelles ils font les deux pas de polka en tournant à leurs places avec les pas de sauteuse.(16 mesures en tout.) Tous les couples vont en visite sur la droite par un avant quatre avec les deux pas de polka et les cavaliers changent de dames sur les pas de sauteuse et ils recommencent cet avant quatre jusqu'à temps qu'ils reviennent à leurs places en ayant fait le tour du quadrille et fait l'avant quatre avec toutes les dames qui ne font, elles, qu'aller en avant et en arrière avec chaque cavalier. (16 mesures.) grande valse en rond, en schottisch, avec ses danseuses pendant (16 mesures.)

DEUXIÈME FIGURE (POLKA)

(8 mesures à attendre.) Les deux couples vis-à-vis font deux pas de polka en avançant et en se tenant par la main, cavaliers et dames pour aller aux couples de la contre partie par deux autres pas balancent, tous de chaque côté deux pas et tour de mains en changeant de dames en formant une ligne à quatre de chaque côté deux pas (8 mesures.) les deux lignes traversent en faisant la chaine double qui doit se terminer sur l'autre face. (8 mesures.) les deux lignes retraversent encore toujours par la chaine double. (8 mesures) les couples de la contre partie retournent à leurs places suivis des couples qui ont commencé, par deux pas, tous balancent par deux pas et les cavaliers reprennent leurs danseuses en valsant à gauche pour revenir à leurs places par quatre pas. Les couples de la contre partie ne font que tourner sur place, il n'y a que ceux qui ont commencé la figure qui en sont éloignés. La figure recommence par les couples de la contre partie.

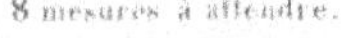

8 mesures à attendre.

Sur les huit premières mesures on revient balancer à la même place par deux pas pour aller deux pas pour balancer et quatre pas en valsant à gauche.

TROISIÈME FIGURE (RÉDOWA)

Tous les couples font un tour de valse par deux pas et balancent deux pas, (4 mesures.) la même figure pour reprendre leurs places (4 mesures.) Les deux couples vis-à-vis traversent en valsant pour changer de côté (4 mesures.) et tournent sur place (4 mesures.) Les couples de la contre partie font le contraire, commencent par tourner sur place (4 mesures.) puis ensuite traversent. (4 mesures.) la même manière pour revenir à sa place pour toute la figure (16 mesures.) Les dames viennent trouver chacune le danseur de droite, font avec lui un tour de mains, répètent cette figure jusqu'à temps qu'elles reviennent à leurs places en faisant des pas de basque. (16 mesures.) Pour exécuter cette figure les cavaliers ne font que tourner avec chaque dame en leur donnant la main droite. Les couples de la contre partie commencent les traversés en valsant et en changeant de côté, puis tournent sur place. Les premiers couples font le contraire pendant (16 mesures.) puis la visite des dames (16 mesures) et la figure se termine par où elle a commencé c'est-à-dire par les tournés et balancés qui se font sur la Coda.

La 2e fois de la 1re reprise les dames vont à chaque cavalier avec tour de mains.

QUATRIÈME FIGURE (POLKA-MAZURKA)

(8 mesures à attendre.) Les couples traversent sur les côtés, en faisant trois pas de Mazurka et un pas de Polka sur lequel les cavaliers font passer les dames dans le bras gauche (4 mesures) répètent cette figure jusqu'à leurs places en tout (16 mesures.) un pas de Mazurka en avant, tourner dos-à-dos avec sa danseuse avec un pas de Polka, reprendre sa danseuse pour faire le pas de Mazurka, et balancer avec le pas de polka. (4 mesures.) encore une fois cette figure (4 mesures.) puis la figure recommence entièrement c'est-à-dire que la première fois les couples ayant commencé les traversés à droite, les font à gauche la deuxième fois toujours en passant dos-à-dos pour les cavaliers.

CINQUIÈME FIGURE (TARENTELLE)

(8 mesures à attendre) Les deux couples vis-à-vis avancent par un glissé, chassé, coupé dessous, et un jeté de chaque jambe (4 mesures.) les cavaliers changent de dames, et font trois pas de galop du pied gauche, puis avancent le pied drait ce qui prend (2 mesures.) pour aller trouver les couples des côtés. Les cavaliers changent encore de dames avec eux et s'écartent pour former les carrés en faisant encore trois pas de galop et passer la jambe (2 mesures.) traverser en carré par sept pas de galop en tournant sur le huitième. (4 mesures) fait sur les quatre faces prend en tout (16 mesures.) (*l'étoile.*) Aller et revenir en faisant passer la dame dans le bras gauche et pour le pas glissé chassé, coupé et jeté, quatre fois. (16 mesures.) (*la corbeille.*) Les cavaliers font passer les dames devant eux pour former un grand rond, les dames en dedans et les cavaliers en dehors puis balancent tous ensemble. Les cavaliers reprennent le dedans et les dames le dehors balancent et se séparent le tout prend (16 mesures.) Les couples font un avant-huit et chaque cavalier reprend sa dame pour retourner à sa place, c'est-à-dire que les cavaliers et les dames de la contre partie se trouvent être en face les uns des autres en faisant l'avant-huit qui pour les pas sont glissés, chassés, coupés et jetés de chaque pied. Ces cavaliers reprennent donc leurs dames et font avec elles un balancé à gauche et à droite en continuant toujours le même pas, tandis que les cavaliers et les dames qui ont commencé la figure retournent à leurs places seuls pour se rejoindre en faisant les pas de galop. (8 mesures.) la figure se répète par les couples de la contre partie et le quadrille se termine par la valse à deux temps exécutée en rond pendant la coda par tous les couples.

Pendant les 8 mesures ou on a attendu les couples se forment en ligne et font un avant quatre les cavaliers et les dames qui ont commencé la figure retournent seuls à leurs places en faisant le pas de galop les cavaliers en tournant sur leur gauche et les dames sur leur droite pendant cela les autres couples font un balancé à gauche et à droite avec le glissé, chassé, coupé et jeté.

QUADRILLE DES LANCIERS.

THÉORIE POUR ÊTRE DANSÉ À HUIT PERSONNES.

PREMIÈRE FIGURE (LES TIROIRS)

Le cavalier Nº 1 et la dame vis-à-vis Nº 2, en avant et en arrière (4 mesures.) tour de mains entier en se donnant la main droite et finissant à sa place (4 mesures.) Les tiroirs, la dame qui a fait l'avant-deux passe la 1re fois au milieu avec son cavalier, et en dehors la 2e fois (8 mesures.) Toutes les dames balancent avec les cavaliers qui se trouvent à leur droite, tour de mains avec ces cavaliers en se donnant les deux mains et terminant à ses places. (8 mesures.) même figure pour les trois autres couples.

DEUXIÈME FIGURE (LES LIGNES)

Le couple premier avance et recule comme dans la pastourelle. (4 mesures.) en avant, une seconde fois le cavalier laisse sa danseuse en face de lui salue en reculant. (4 mesures.) tous les deux à droite et à gauche (4 mesures.) tour de mains en se donnant les deux mains (4 mesures.) les couples de la contre partie se séparent et vont former deux lignes avec les couples qui viennent de danser en avant huit et en arrière. (4 mesures.) tour de mains entier avec ses dames en se donnant les deux mains et finissant à ses places. (4 mesures.) même figure pour les trois autres couples.

NOTA. Pour exécuter dans cette figure les lignes nous avons des personnes qui font le contraire de cette explication elles sont dans l'erreur comme chorégraphie et comme véritable quadrille anglais.

TROISIÈME FIGURE (LES MOULINETS)

Le 1er cavalier en avant et en arrière avec la dame vis-à-vis (4 mesures) encore en avant la dame fait une révérence prolongée et le cavalier recule en saluant, (4 mesures.) Les dames se donnent les mains droites pour faire le moulinet tournent un demi tour et vont donner leurs mains gauches aux mains gauches des cavaliers vis-à-vis. (4 mesures.) elles reprennent le moulinet et retournent à leurs places en donnant leurs mains gauches aux mains gauches de leurs danseurs. (4 mesures.) même figure pour les trois autres couples.

QUATRIÈME FIGURE (LES VISITES)

Le premier couple va en visite au couple de droite, (saluts et révérences, 4 mesures.) après en visite au couple de gauche saluts et révérences, (4 mesures.) croisé tous les quatre à droite et à gauche. (4 mesures.) le cavalier revient à sa place avec sa dame. (4 mesures.) chaîne anglaise aller et retour avec son vis-à-vis (8 mesures.) même figure pour les autres couples.

NOTA. On peut faire cette figure double en partant avec le couple vis-à-vis en la répétant deux fois la première à droite et la seconde à gauche.

CINQUIÈME FIGURE (LES LANCIERS)

Après l'introduction, grande chaîne plate, chaque cavalier donne la main droite à sa danseuse qui lui donne aussi la sienne. la chaine continue jusqu'a la place du vis-à-vis où le cavalier et sa dame se saluent.(8 mesures.) ils recommencent la grande chaîne en se donnant la main droite et reviennent à leurs places où ils se saluent.(8 mesures.) Le cavalier N°1, en faisant passer sa dame devant lui tourne le dos au quadrille.(2 mesures.) Le couple de droite N°3 se place derrière lui.(2 mesures.) le couple de gauche N°4 en fait autant.(2 mesures.) et le couple vis-a-vis N°2 se trouvant tout placé attend.(2 mesures.) Tous les couples croisent à droite et à gauche en balançant sur place les cavaliers passant toujours derrière les dames. (8 mesures.)

Promenade: les cavaliers tournent à gauche et les dames à droite, le dernier couple doit rester à sa place sans bouger pour servir de limite à la promenade. les cavaliers sont sur une ligne et les dames sur une autre en face. (8 mesures.) en avant huit en se donnant les mains, et tour de mains avec ses dames pour revenir à ses places (8 mesures.) même figure pour les autres couples.

NOTA. Avis aux danseurs. N'importe pour quel genre de chaine, on doit toujours commencer par la main droite qui est une règle générale pour la danse.

QUADRILLE DES LANCIERS.

THÉORIE POUR ÊTRE DANSÉ À SEIZE PERSONNES.

Les couples étant doublés donnent beaucoup plus d'animation au quadrille qui, à huit, est un peu froid. la 4e figure, ainsi que la 5e diffèrent un peu des autres et demandent une autre étude.

Les deux premières figures sont les mêmes qu'à huit exécutées doubles.

La 3e figure le moulinet se trouve remplacé par une chaîne des dames exécutée sur les quatre coins (8 mesures.) pour les visites les quatre couples partent deux à droite et deux à gauche, saluts et révérences pour tous. (4 mesures.) en visites de l'autre côté. id. (4 mesures.) croisé à droite et à gauche (4 mesures.) les couples qui font les visites, reviennent prendre les places des couples qui sont à leurs côtés. (4 mesures.) les quatre couples font en avant en arrière avec leur vis-à-vis, (4 mesures.) et demi chaîne anglaise pour traverser, (4 mesures.) la figure recommence à la place du vis-à-vis et la 2e fois on se retrouve à ses places. même figure pour les couples de la contre-partie.

Pour la dernière figure la grande chaîne n'est exécutée que par les dames les cavaliers restent à leurs places, au retour de leurs danseuses, font un salut. La figure est la même qu'à huit jusqu'à la promenade qui se fait par deux couples à droite et à gauche ayant le nom de promenade brisée à quatre pour revenir à ses places prenant (8 mesures.) on se place en face du couple qui est à votre côté pour exécuter avec lui un avant quatre. (4 mesures.) tour de mains avec ses danseuses (4 mesures) la figure recommence pour les autres couples et le quadrille termine par une Valse-Polka.

QUADRILLE DES LANCIERS.

THÉORIE POUR ÊTRE DANSÉ À DOUZE PERSONNES.

Il arrive très souvent que quatre personnes sont privées de danser les lanciers, faute d'avoir un nombre pareil pour former deux quadrilles ou pour l'exécuter à seize; cela étant arrivé si souvent dans mes cours, que l'idée m'est venue de l'arranger à douze sans rien changer aux figures, et avec quelques conventions que je vais expliquer aux lecteurs. on pourra conserver deux couples en plus que ne le porte la théorie à huit.

Le couple No 1. avec le couple No 2. son vis-à-vis, doivent être seuls de leur côté; c'est la contre partie qui se compose de quatre couples. la 1e figure s'exécute comme à huit double pour la contre partie, l'avant deux et les tiroirs.

La deuxième figure les couples de la contre partie doivent comme dans la pastourelle du quadrille ordinaire, commencer par les deux couples opposés de chaque côté, pour les lignes; le couple de droite et le couple de gauche viennent trouver le couple No 1. de même que les deux autres viennent trouver le couple No 2 ce qui fait six personnes pour chaque côté. Quand la contre partie exécute la figure le couple No 1. et le couple No 2. se séparent comme à huit.

Pour la troisième figure il n'y a que le moulinet où les dames font un tour entier et reviennent à leurs places en donnant leurs mains gauches aux mains gauches de leurs cavaliers en tournant un demi tour. (4e figure.) les visites se font doubles et à droite par le couple No 1 et No 2. puis après par les deux couples de la contre-partie qui ont commencé la 2e figure, ensuite le couple No 1. et No 2. recommencent les visites doubles à gauche et après les deux autres couples de la contre partie. les croisés se font à six. Pour la dernière figure la grande chaîne s'exécute sans s'arrêter et sans saluts puis les couples s'entremêlent comme dans le quadrille à huit.

LE COTILLON.

Le Cotillon est toujours la danse qui termine un bal. Elle s'exécute en valse ou en Polka n'importe le nombre de couples et doit toujours avoir un conducteur pour régler et commencer les figures. C'est lui qui donne à l'orchestre le signal du départ et lorsqu'il doit changer d'air. L'orchestre doit toujours jouer sans s'arrêter pendant tout le temps que dure le cotillon. Cette danse qui se termine toujours trop tôt, au gré des danseurs se termine toujours trop tard pour les musiciens qui souvent pendant trois heures de suite jouent sans interruption.

Pour former le cotillon, on doit se disposer couple par couple et s'asseoir autour du salon en demi cercle ou en cercle complet. le cavalier ayant toujours à sa droite sa danseuse, le conducteur à la place qu'il occupe avec sa danseuse doit représenter la tête du cotillon. Il doit toujours commencer la figure et les autres couples doivent la répeter ensuite. Je vais donc donner l'explication des douze figures, celles qui sont les plus usitées dans le monde.

PREMIÈRE FIGURE (L'AVANT TROIS DOUBLE)

Le premier cavalier aprés avoir fait un tour de valse quitte sa dame et va chercher deux dames, et sa dame deux cavaliers; ils viennent se placer vis-à-vis l'un de l'autre, vont en avant et en arrière, et chaque cavalier avec la dame qui se trouve devant lui, font ensemble un tour de valse ou de Polka.

DEUXIÈME FIGURE (LES CHAISES)

On place deux chaises dos à dos; le cavalier conducteur fait un tour de valse ou de Polka puis, va chercher une dame tandis que sa dame va prendre un cavalier; ils font asseoir les deux personnes sur les chaises puis, le cavalier conducteur va prendre deux dames et vient se placer devant la dame qui est assise; la dame du conducteur a été prendre deux cavaliers et vient se placer devant le cavalier assis, puis à un signal chacun prend son vis-à-vis pour valser ou polker en retournant à ses places. On peut faire cette figure double en plaçant quatre chaises au lieu de deux et en partant deux couples à la fois.

TROISIÈME FIGURE (L'ÉVENTAIL)

On fait asseoir une dame, et le cavalier conducteur va chercher deux cavaliers qu'il tient de chaque main, et les amène devant la dame qui offre son éventail à l'un des cavaliers conduits par le conducteur et valse ou polke avec l'autre. Le cavalier qui a l'éventail doit suivre en éventant le couple qui valse. Cette figure est une des plus amusantes du cotillon.

QUATRIÈME FIGURE (LES CARTES)

Le cavalier conducteur donne à quatre dames, les quatre dames d'un jeu de cartes; de même que sa dame donne les quatre rois à quatre cavaliers les cavaliers dansent avec les dames de leurs couleurs.

CINQUIÈME FIGURE (LE COUSSIN)

Apres avoir fait le tour du salon avec sa danseuse le premier cavalier lui laisse le coussin qu'il tenait de la main gauche. la dame doit le présenter à plusieurs cavaliers qui cherchent à se mettre à genoux dessus. la dame doit le retirer aux danseurs qu'elle ne veut pas, et le laisser tomber devant celui qu'elle choisit pour danser avec elle.

SIXIÈME FIGURE (LE CHAPEAU)

Après avoir valsé, le cavalier laisse sa dame au milieu du salon en lui donnant un chapeau (ou un bonnet de coton.) prend tous les cavaliers pour former un rond autour de la dame en lui tournant le dos, puis pendant que les cavaliers tournent la dame place le chapeau sur la tête de l'un des cavaliers avec lequel elle fait un tour de valse ou de polka, les autres cavaliers vont retrouver leurs places.

SEPTIÈME FIGURE (L'ÉCHARPE)

Le premier cavalier tient une écharpe à la main, sa dame qui a été prendre toutes les dames pour former un rond autour de lui pendant que les dames tournent il doit déposer l'écharpe sur les épaules de l'une d'elles, et faire avec elle un tour de valse ou de polka. chaque danseur doit reconduire sa dame à sa place. Cette figure est le pendant de celle du chapeau

HUITIÈME FIGURE (LES QUATRE COINS)

Le premier cavalier après avoir fait avec sa dame un tour de valse la laisse pour aller prendre trois dames qu'il place à des intervalles pour figurer les quatre coins, puis va chercher cinq cavaliers qu'il place en rond. Les cavaliers se tenant par les mains, tournent; le cavalier conducteur frappe dans ses mains chaque cavalier se précipite pour prendre chacun une dame; tant pis pour celui qui n'a pas été assez adroit pour en prendre une; il doit retourner seul à sa place.

NEUVIÈME FIGURE (LA PYRAMIDE)

Trois couples doivent partir ensemble; puis chaque cavalier va prendre un autre cavalier, et chaque dame une autre dame. La première doit être seule et représente la tête de la pyramide, deux pour le second rang et trois pour le troisième. Le cavalier conducteur avec les cavaliers forment une chaîne en se prenant par les mains; il les entraînent en passant dans les rangs formés par les dames et quand il se trouve devant la dame placée à la tête de la pyramide il frappe des mains et emmène en polka ou en valse cette dame ainsi que les autres cavaliers qui en font autant avec les dames vis-à-vis

DIXIÈME FIGURE (LES GAGES)

Après que le cavalier conducteur avec sa dame ont fait un tour de valse le cavalier remet à sa danseuse un chapeau qu'elle présente à plusieurs dames qui doivent y déposer un objet quelconque. Elle offre ensuite le chapeau aux cavaliers chacun y prend un des objets et doit polker ou valser avec la dame à qui il appartient.

ONZIÈME FIGURE (LE JEU DE BAGUES)

Deux écharpes sont nouées par le milieu afin de former une croix, chaque cavalier doit prendre de sa main gauche un des bouts de chaque écharpe et tenant sa dame du bras droit par la taille. chaque couple doit valser ou polker en conservant toujours la distance voulue pour bien exécuter cette figure en ayant soin d'élever l'écharpe au dessus de la tête. cette figure s'exécute par quatre couples qui doivent retourner à leurs places à un signal que doit donner le conducteur.

DOUZIÈME FIGURE (LE GRAND MOULINET)

Cette figure est une de celles qui terminent le cotillon; elle s'exécute par tous les couples. Tous les cavaliers se donnent la main gauche et forment le moulinet en tenant leurs dames de la main droite. On tourne à gauche le cavalier conducteur frappe dans ses mains. A ce signal les dames doivent avancer d'un cavalier ainsi de suite jusqu'à temps qu'elles reviennent retrouver leurs danseurs avec lesquels elles font une valse ou une polka.

NOTA. Ayant donné l'explication des figures connues dans le monde, je vais en indiquer trois autres qui sont de ma composition.

PREMIÈRE FIGURE à huit couples (LES PORTES)

Quatre couples partent ensemble en polkant puis chaque couple prenant dans le cercle un autre couple pour lui faire vis-à-vis tous forment un quadrille à seize. Les cavaliers laissent leurs dames et avancent au milieu en se retournant et se prennent par les mains puis lèvent les bras en l'air. les dames se prennent par les mains et forment une chaine libre, puis passent sous les bras des cavaliers en serpentant autour d'eux et, à un signal donné par un petit frappement de pied, tous les cavaliers prennent les dames pour polker avec elles et reprendre leurs places.

DEUXIÈME FIGURE (LA CONTREDANSE)

Quatre couples partent valse ou en polka, puis chacun fait choix d'un vis-à-vis. Le conducteur avertit l'orchestre qui attaque une contredanse, c'est-à-dire, simplement la première figure dite le Pantalon. Pendant les huit premières mesures les couples se placent, puis le premier côté fait une demi chaîne anglaise en traversant. (4 mesures.) ensuite la contre partie (4 mesures.) chaîne des dames sur les côtés par coins comme dans la 5e figures des lanciers à seize. (8 mesures.) toutes les dames font quatre pas en avant puis se retournent en face de leurs cavaliers. (4 mesures.) les cavaliers avancent prendre la main droite de leurs dames et la main gauche de la dame placée à leur gauche. (4 mesures.) tous balancent en se tenant par les mains, les dames placées en dedans et les cavaliers en dehors. (4 mesures.) tour de mains pour revenir. (4 mesures.) la figure recommence encore une fois pour revenir à ses places. le cavalier conducteur frappe des mains et l'orchestre attaque une Polka ou une valse et tous les couples retournent à leurs places en polkant ou en valsant.

TROISIÈME FIGURE (LES GALOPS)

L'orchestre exécute un galop le cavalier conducteur organise autant de couples que l'espace du salon peut en contenir, puis les place sur deux lignes vis à vis. tous les couples traversent comme dans la figure finale du quadrille ordinaire exécutée en galop. aller retour (8 mesures.) en avant et en arrière (4 mesures.) en avant et changer de dame. (4 mesures.) encore une fois. (8 mesures.) puis promenade en se suivant en descendant et en remontant deux fois 16 mesures pour chaque fois croiser par couples à droite et à gauche le côté gauche passe devant la première fois, puis grand galop pour finir. Cette figure est très animée elle ne s'exécute que dans les cercles intimes où l'etiquette a fait place à la gaîté et doit être regardée comme une figure finale à ce cotillon

VALSES POUR COTILLON.

N°3.
p
f
f
p
FIN.
D.C.
N°4.
FIN.
D.C.

POLKAS POUR COTILLON.

CONCLUSION.

Je termine en disant au lecteur que cette Méthode est à l'adresse des Professeurs commençants, et non à celle de mes collègues en réputation à qui je n'ai nullement l'intention de vouloir en montrer, simplement je ferai observer que les indications que je viens de donner, ont été recueillies par vingt ans de pratique, et peuvent assurer à qui voudra bien les suivre un bon résultat pour l'enseignement.

Il est certain que le professeur aujourd'hui qui commence sa carrière doit être convaincu que la danse de notre époque n'a conservé que fort peu de rapports avec celle d'autrefois et que les exercices ne servent que pour les leçons de maintien et qu'ils deviennent superflus pour les Polkas, Redowas Valses etc... qui n'ont besoin d'être pratiquées que par leurs propres pas.

La musique faisant partie de cet ouvrage n'est également composée que pour les personnes jouant très peu le violon. Les autres d'une force plus grande qui auraient le désir d'avoir la musique nationale de chaque danse à grand orchestre ou pour le piano peuvent s'adresser à l'Éditeur.

Je pense que toutes les observations sur la danse sont terminées et que je n'ai plus rien à dire si ce n'est que de prévenir le lecteur que cette Méthode s'augmentera des innovations dansantes qui seront adoptées dans les salons et qui mériteront la peine d'être enseignées.

Enfin cette Méthode est faite comme je l'ai déjà inscrit dans ma préface pour être utile aux professeurs et leur éviter de la peine en leur indiquant ici toutes les observations que le temps et la pratique m'ont apprises depuis que j'enseigne la danse.

www.ingramcontent.com/pod-product-compliance
Ingram Content Group UK Ltd.
Pitfield, Milton Keynes, MK11 3LW, UK
UKHW021943260726
13994UKWH00004B/1503